Arelas dans l'ancienne langue Celtique Ville
En terre Marecageuse. Chorié historien
du Dauphiné p. 92

# DESCRIPTION
# DES ARENES,
## OV
## DE L'AMPHITHEATRE
## D'ARLES.

Par le Pere IOSEPH GVIS Preftre de
l'Oratoire de IESVS.

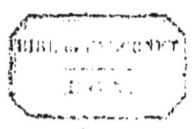

A ARLES,
Par François Mefnier, Imprimeur du Roy, & de
ladite Ville.
*Auec permiſſion des Superieurs.*

M. DC. LXV.

A MESSIEVRS
MESSIEVRS LOVIS
DE VARADIER SIEVR D'ORSIERE,
IACQVES DV MOLIN,
IEAN GROS BOVSSICAVD,
ET BENOIST ESCOFFIER,
CONSVLS GOVVERNEVRS DE LA
VILLE ET CITE' D'ARLES, SEIGNEVRS
DE TRINQVETAILLE. &c.

MESSIEVRS,

Quoy que tous les debris des chef-d'œuures des anciens, meritent d'exercer les Genies les plus éclairez, pour y découurir les beautez qui ont fait l'Admiration de tant de Siecles, il semble pourtant que les ruines des Amphitheatres soient les plus dignes objets de leur curiosité, estant les plus magnifiques monuments de l'antiquité, & les plus fameux Theatres de la constance victorieuse de nos Martyrs. Cet auantage ne se rencontre pas moins dans les restes de celuy que ie vous presente, puis qu'il a esté l'un des plus superbes bastimens dont les Romains ayent embelly les Gaules, & l'vn des plus Augustes vestiges qu'ils ayent laissé á nos iours de leur puissance, & de leur addresse. Le zele Messieurs que chacun remarque en vous dans le gouuernement de vostre noble patrie, ne me permet pas de douter que vous ne vous interessiez dans mon dessein, & que vous ne m'aydiez à tirer de l'obscurité le fameux Amphitheatre d'Arles, destruit en partie par la suite des années, & dont ce qui reste est Caché sous le grand nombre des maisons qui l'enuironnent. vous le ferez si vous agreez ce petit ouurage; c'est ce que i'attends de vos bontez, afin que vostre pourpre, & l'honneur qu'il aura de porter vos noms, luy donnent de l'éclat, & le mettent, à couuert de tout ce qui pourroit iniustement s'opposer à la gloire de vos Arenes. L'entreprise est grande ne pouuant icy consulter que des morts qui sont á present reduits en poussiere, & dont la plus part des ouurages nous sont inconnus, ayant esté consumez par le temps, ie m'y sens neanmoins poussé par l'esperance que i'ay que la grandeur de mon affection enuers vostre ville, reparera tous les defauts de cette piece, encore qu'elle fust aussi inparfaite, que i'ay taschè de la rendre acheuée. Ie me flaterois trop si dans vne affaire de si haute importance ie'sperois beaucoup de mon esprit, mais aussi ie ferois tort á mes sentimens si ie n'attendois tout de la passion que ie ressens de vous seruir. I'ose donc Messieurs me promettre quelque succéz de mon proiet, & du desir que i'ay eu de vous l'offrir. c'est vn present qui n'est pas à la mode puis qu'il ne contient rien de noueau que l'offrande. Personne n'ignore que la matiere n'en soit tres ancienne & celuy qui vous l'offre vous est dés long temps fort acquis, ayant depuis vingt-trois ans Consacré ses petits trauaux au seruice de vostre ville. Il s'y est employé auec d'autant plus d'ardeur, que le corps où Dieu l'auoit appellé ne respire dans ses actions, & dans ses prieres, que le bien de tous ceux dont la prouidence vous a fait les Magiſtrats. Que s'il paroiſt ſurprenāt q'un étrāger Vous preſente vne choſe qui ne luy appartient pas, ou que vous poſſedez dépuis ſi long temps, ie trouue dans noſtre miniſtere, dequoy iuſtifier ma Conduite, puis que rien n'appartient plus au Pere Eternel que ſon Fils, & cependant nous le luy offrons tous les iours ſur nos Autels. Receuez donc Meſſieurs ce qui eſt à vous mais receuez le comme vn témoignage ſenſible de mes reſpects; que ie n'ay pas crû pouuoir mieux exprimer au public, qu'en faiſant Connoiſtre les Anciens Ornemens d'une ville qui m'eſt ſi chere, & les glorieuſes marques d'eſtime que la valeur, & la prudence de vos Anceſtres auoient iuſtement obtenuës de l'ancienne Rome Capitale du monde, autant éclairée au diſcernement des villes dignes de ſon amitié, & de ſes recompenſes, que glorieuſe & prompte á la conqueſte des plus fortes, Ie taſche de les rapporter auſſi fidellement que le ſuiet le peut permettre, ie ne me ſuis pas eſpargué dans la recherche des Auteurs qui pouuoient m'en donner quelque connoiſſance, i'ay fouillé dans les liures les plus anciens, i'ay parcouru nos Archiues, afin que ma fidelité dans ce petit recit vous aſſeuraſt plus parfaitement de la ſincerité auec laquelle ie ſuis par vn deuoir tout particulier.

MESSIEVRS

Voſtre tres humble, &
tres obeiſſant Seruiteur
IOSEPH GVIS Preſtre
de L'oratoire de IESVS.

# AVIS AV LECTEVR.

LIPSE s'estant serui indifferemment du nom d'Amphitheatre & d'Arene, i'ay creu qu'aprés vn si graue Auteur ie pourrois me seruir de cette mesme liberté pour décrire les Arenes, ou l'Amphitheatre d'Arles, qui est tellement caché dans les tenebres de l'antiquité, & d'ailleurs il est composé de tant de parties differentes, qu'il ne faut pas s'estonner si le tableau que i'en donne au public n'est pas toutafait en son iour, & n'a pas toute la perfection qu'il pourroit auoir. En effet comment faire voir aujourd'huy vn ouurage qui est enseuely dans l'oubly depuis tant de siecles, & comment retirer du neant vne infinité de choses qui ont déia esté consumées par le temps. En verité les Arenes que nous voyons presentement dans Arles sont si differentes d'elles mesmes considerées en leur Ancienne Majesté, que qui voudroit faire vne description bien exacte de l'estat auquel elles estoient autrefois, s'exposeroit au hazard de dire beaucoup de choses incertaines, & peut estre contraires à la verité.

Et c'est à mon auis la raison pour laquelle en vn siecle aussi esclairé que le nostre, il s'est trouué si peu de personnes qui ayent trauaillé sur ce suiet, d'Ailleurs les Auteurs ont si brieuement parlé de cet Amphitheatre que nous n'en pouuons quasi rien apprendre de leurs ecrits; car pour ne rien dire des anciens qui semblent ne l'auoir pas connu, parmy les modernes qui ont traité des Amphitheatres, Lipse ne dit rien autre de celuy d'Arles sinon qu'il est *parum integrum*, & vn Auteur de ce temps dans vn traité qu'il a fait des edifices profanes, ne luy fait pas seulement la Iustice de le nommer parmy plusieurs autres qu'il rapporte. Cependant toutes ces raisons ne m'ont nullement destourné du dessein que i'auois conceu il y a long temps de tirer de l'oubly cet Ancien Ornement des Arlesiens.

De plus consideràt que tous les Amphitheatres qui nous restent presentemét sont presque tous ruinez pas l'iniure des temps, & que dans quelques années à peine pourra-on remarquer en ces vieux corps quelque Image de leur Ancienne Beauté, les Auteurs auant esté assez negligens à nous en laisser des descriptions bien exactes; ie me suis attaché iusques aux plus petites circonstances de l'Amphitheatre d'Arles, afin de le conseruer au moins sur le papier, & de donner quelque entrée à la connoissance de ces venerables Restes de l'Antiquité, que nous voyons encore en plusieurs Villes. Et ie m'asseure que quiconque connoitra bien tous les secrets des Arenes d'Arles, conceura assez facilement toute la disposition des autres, & pourra mesmes se former vne idée assez iuste de ce celebre Colisée de Rome, qui comme les cendres des Heros est encore en veneration parmy les humains.

Au reste la disposition de l'interieur des Amphitheatres estant le plus difficile a conceuoir, i'ay pris grand soin de décrire les differentes Galeries de celuy cy, les Degrez, Chambres, Prisons, Passages, leurs dimensions, & plusieurs autres Particularitez internes fort Considerables, qui estant en partie ruinées acause de leur anciennete, & occupées par des nouueaux bastimens vnis aux anciens pour l'usage des proprietaires ne sont point venuës a la connoissance de ceux qui ont traité des Amphitheatres; c'est pourquoy il ne faut pas s'estonner s'ils ont mieux aimé n'en dire mot que d'en dire quelque chose d'incertain. C'est le silence de ces Auteurs qui m'a fait rompre le mien; & la verité, que i'ay tasché de connoistre depuis 23. Ans, m'a donné de forces pour passer par dessus les obstacles, & toutes les considerations qui s'opposoient à mon dessein.

I'ay enrichy mon liure de quelques Figures pour la satisfaction & la commodité de ceux qui auront la patience de le lire, & pour leur espargner la peine de les aller chercher dans Lipse qui est presque le seul ou les Autheurs du temps renuoyent le lecteur.

Et parce que ces Figures se sont trouuées n'estre pas toutafait exactes au nombre des marches, & des sieges, & a certaines autres particularitez moins considerables que le Graueur a cru de peu d'importance, nous y auons suppléé par le discours qu'on doit suiure comme plus fidele.

Vous trouuerez à la fin du liure vn parallele des Arenes d'Arles auec celles de Nismes afin de diuertir le lecteur par la diuersité des objets, & de joindre en vn mesme dessein deux choses qui sont iointes ensemble par beaucoup de raisons.

Enfin la Cane estant vne sorte de mesure qui n'est pas connuë par tout; dans les endroits ou l'on trouuera les mots de Pan, & de Cane, on trouuera ou en suite, ou à la marge la reduction de ces mesures en Pouces, en Pieds, & en Toises.

La longueur du Pan, & de la Cane, comme encore du Pouce du Pied, & de la Toise est exprimée au Chapitre quinziesme où l'on vera les principales dimensions.

Ie n'ay rien voulu dire en ce petit ouurage dont ie n'aye esté le témoin oculaire, & si i'ay tant differé à le faire paroitre c'a esté de peur d'escrire des choses qui ne fussent pas conformes à la verité pour n'estre pas assez examinées.

Si la ville d'Arles est satisfaite de mon petit trauail, i'auray satisfait au desir que i'auois de luy donner vne nouuelle Copie d'un Ancien Original, & si ie n'ay pas reüssi dans mon dessein: i'auray toûiours la satisfaction de luy auoir témoigné la passion que i'ay de luy estre vtile en quelque chose.

# CHAPITRE PREMIER.
## DES AMPHITHEATRES, OV ARENES EN GENERAL.

Es Amphitheatres estoient des Edifices publics, qui estoient destinez pour donner du diuertissement au peuple; car tantost on y faisoit Combattre des bestes contre des bestes, ou des hommes contre des bestes, ou des hommes les vns contre les autres; d'où vient que ces Spectacles sont appellez tristes par vn de nos poëtes. *Amphitheatralis spectacula tristia Pompa.* Et que les Peres de l'Eglise, ont declamé si fortement contre ces Combats dans lesquels on répandoit quelque fois le sang humain. Tantost on y donnoit le plaisir de la chasse, comme nous le voyons dans Dion, qui parlant de Iules Cesar dit que *multa, & varia spectacula edidit, venatorio quodam Theatro è lignis structo, quod & Amphitheatrum appellatum est.* Tantost on y dansoit, & aux Festes des Payens particulierement le Peuple y alloit pour se diuertir á cet exercice; d'où vient que l'endroit de l'Amphitheatre où l'on auoit accoûtumé de danser se nommoit *Orchestre*, d'vn mot grec qui signifie danser. Isidore remarque

*prudent.*

Dio Cassi. lib. 43.

*l'Amphitheatre d'Arles*

que l'Amphitheatre estoit ainsi appellé *quod ex duob⁹ Theatris esset factum, nam amphitheatrum rotundum est.* (dit il) *Theatrum verò ex medio Amphitheatro est, semicirculi figuram habens.* En effet Lipse (qui a traitté assez sçauamment cette matiere) dit que *Amphitheatrum iunctum & factum, erat ex duob⁹ Theatris, reiecta scena.* Et nous le voyons dans Cassiodore, & dans Ouide mesme:

— *Structoque vtrimque theatro.*
*Vt matutina ceruus periturus Arena.*

Ie pourrois remplir ce Chapitre de beaucoup de choses tres curieuses, que les Anciens nous fournissent sur le suiet des Amphitheatres, mais outre que ie n'aime pas à m'enrichir du bien d'autruy comme c'est oiseau de la fable, mon dessein n'est pas de traiter des Arenes en general, mais seulement de celles d'Arles en particulier.

I'aioûte seulement à ce que ie viens de dire que les Amphitheatres se consacroient particulieremét à Mars, & à Diane, à cause des Combats & de la Chasse, qui en estoient les diuertisemés ordinaires. Ce que Tertullien asseuremét a voulu dire pas ces paroles, *Martem & Dianam vtriusque ludi præsidem nouimus.* Mais cela n'empeschoit pas qu'on ne les consacrast aussi quelque fois à d'autres diuinitez, comme à Iupiter, à Dis, à Mercure, à Saturne, selon la remarque d'vn Auteur.

*[marginalia:]* Lipf. de Amph. chap. 8.

## CHAPITRE SECOND
### DES ARENES D'ARLES EN PARTICVLIER

Qvoyque selon Lipse l'Amphitheatre d'Arles soit presque tout destruit, neanmoins il s'en voit encore de plus ruinez, & les traits qui paroissent sur ce vieux corps, nous font assez connoitre son ancienne beauté; Car outre qu'il à conserué toute sa circonferance, il subsiste encore en la plus-part de ses parties, qui sont si solides qu'il ne faut pas s'estonner si elles se sont defendües iusques à present contre les iniures du temps.

*Lipse loco cit.*

Aussi tous les étrangers qui passent dans Arles, n'oblient pas de voir ce riche monument de l'Antiquité, & se persuadent facilement apres l'auoir veü qu'il falloit que la Ville d'Arles fust autrefois bien considerable dans les Gaules, puisque les Romains l'auoient embellie d'vn si rare Ornement, & tous nos Rois se sont teûiours estimez glorieux, de posseder dans leurs Royaume ce grand Ouurage de l'Industrie, & de la Magnificence des Anciens.

En effet nous lisons dans les manuscrits françois que Mr. de Romieu nous à laissez sur les Antiquitez d'Arles, que François I. ayant veü cét Amphitheatre, temoigna beaucop de déplaisir, de ce qu'on n'auoit pas eü assez de soin de le conseruer en son premier estat. Et ie sçay d'vne personne tres digne de foy qui vit encore que Henry quatriéme ayant veü le plan des Arenes d'Arles, ordonna à Messieurs de la Ville de faire demolir les maisons dont elles sont remplies,

*Mr. de Romieu en son histoire des Antiquitez d'Arles ch. 4.*

de faire de cette place vn lieu Public, & d'eleuer au milieu La Pyramide de la Roquette, qui est vne Pyramide de marbre varié fort ancienne, qui se voit dehors la Ville d'Arles presque toute enfoncée dans la terre.

J'auoüe que ces Arenes sont presentement remplies de plusieurs maisons particulieres, qui leur ont rauy vne partie de leur ancienne majesté. Mais il en faut attribuer la cause à la necessité des temps, qui à souuent obligé Messieurs les Consuls de permettre que l'on y bâtist, & cela n'empesche pas qu'ils n'en ayent vn soin particulier, d'où vient que depuis quelques années ils y ont fait faire vne porte, & des degrez, pour la commodité de ceux qui par curiosité voudroient aller voir ces beaux Restes de l'Antiquité Payenne; & mesme tous les ans le Clergé d'Arles passe au milieu en procession generalle pour honorer cette Place, qui probablement à esté autrefois sanctifiée par le sang de nos Martyrs.

Enfin on peut aioûter à l'auantage des Arenes d'Arles, que comme cette Ville á esté autrefois fort celebre pour son étendüe, pour son Terroir, pour ses Temples pour ses Autels, pour la Sainteté qui y à fleury parmy les erreurs du paganisme, aussi elle á toûiours esté fort recommandable pour ses Arenes puisque selon l'Aucteur du Pontifical d'Arles, elles estoient enrichies d'vn marbre fort precieux.

*Saxis in vita S. Hilarij, & lib. pontificij fol. 22.*

# CHAPITRE TROISIEME
## DE L'ANTIQVITE'
### DES ARENES D'ARLES.

Bien que l'Antiquité foit l'ennemie mortelle des belles chofes, & qu'elle deuore fans aucun refpect tout ce qu'il y á de plus rare dans l'Art, & dans la Nature, neanmoins elle ne fait pas feulement la gloire des familles, mais on la met auffi entre les principales qualitez des excellens ouurages

C'eft pourquoy il ne faut pas s'eftonner fi ie conte entre les auantages de l'Amphitheatre d'Arles l'honneur qu'il á d'eftre extremement ancien, & d'auoir plus de quatorze cens ans d'Antiquité.

Ie fçay bien que cét illuftre Edifice eft comme le Nil dont on ignore les fources, qu'on ne fçait pas certainement qui la fait bâtir, & qu'on peut dire de luy ce que Lipfe dit de celuy de Nifmes que *quando*, *vel á quo ſtructum neſcimus*; Mais il eft conftant qu'il eft des premiers entre ceux dont l'induftrie des Romains embellit les Gaules.

<small>Lipf. de Amph. quæ extre Chap. 5.</small>

Car nous trouuons dans Ammien Marcellin que l'Empereur Conftance fils du grand Conftantin y fit faire des Ieux Magnifiques. Or l'on fçait par l'hiftoire que cét Empereur regnoit au quatriſiéme fiecle; d'où il eft facile d'inferer qu'il y á bien plus de 13 cens ans que cét Amphitheatre fubfifte.

<small>Amm. marcell. lib. 22.</small>

Deplus on voit dans Pomponius Lætus que l'Empereur Gallus aprés auoir chaffé les Tyrans de l'Europe fit repreſenter des Spectacles fort celebres dans le mefme

<small>Pomp. Læt.</small>

Amphitheatre, l'an 255 ce qui donne à cognoitre qu'il y á plus de quatorze cens ans

<small>Lipf. de Amph. quæ extra Rom. Chap. 1. Sueton. in vita tiber.</small>
En troifiéme lieu nous fçauós par le témoignagne de Lipfe que les Romains enuoyoient rarement des colonies dans les prouinces qui releuoient de leur Empire, qu'ils ne leur fiffent bâtir des Amphitheatres, & donner des ieux en mefme téps; Or *fuetone* nous affure que les Romains s'eftant rendus maiftres de la Ville d'Arles y enuoyerent par Arreft du fenat *Caius Tiberius* pere de l'Empereur Tibere pour y mener vne Colonie, & peupler cette Ville nouuellement conquife de nouueaux Habitans. Ainfi par la raifon de Lipfe il eft fort probale que noftre Amphitheatre fut bâty pour lors d'où ie conclus qu'il y á plus de feize cens ans, fi ce n'eft peut-eftre qu'il fuft deja auant la venüe de cette colonie.

Que fi nous voulons raifonner comme Meffieurs de Nifmes, qui fe perfuadent fur quelque coniecture *que diui Fratres Antoninº, & verus*, Eftant á Nifmes l'an de I. Chrift 150. Firent bâtir leur Anphitheatre, nous pourrons dire auffi que Iules Cefar eftant á Arles, fit bâtir pareillement les Arenes que nous y voyons prefentement, & par confequent nous pourrons croire fur ce raifonnement que l'Amphitheatre d'Arles eft bien plus anciens que le Colizée de Rome qui fut bâti l'an du falut 81. par l'Empereur Vefpafien.

Mais ie ne m'arrefte ny á cette coniecture, ny á quelques autres qui fe pourroient alleguer á l'auantage de nos Arenes, aprés auoir fait voir leur Antiquité, par des preuues tres fortes.

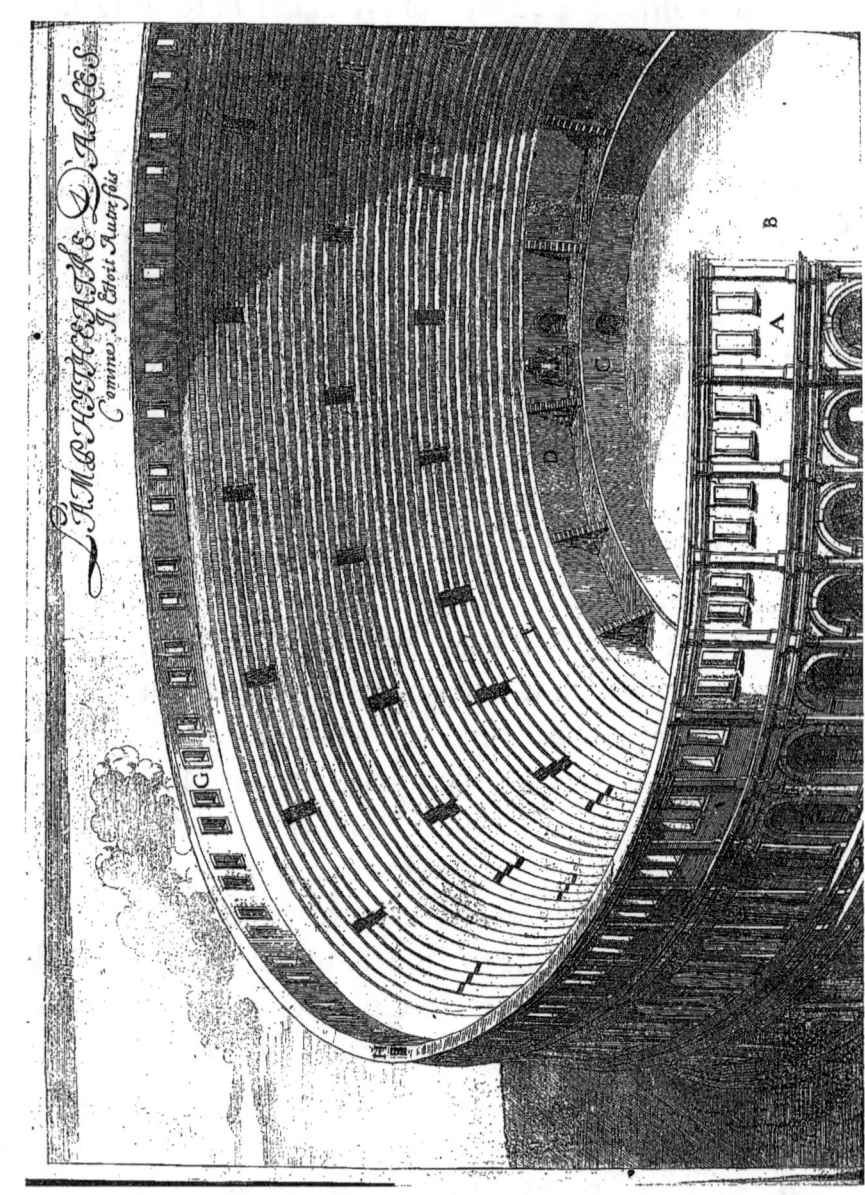

# CHAPITRE QVATRIEME
## DE LA FORME, DE LA SITVATION, ET DV FRONTISPICE DES ARENES.

L'Amphitheatre d'Arles est vn Bâtiment en Ouale, a trois Etages, qui a 4. Entrées Principales, & qui enferme dans l'enceinte de ses murailles vne grande Place, qui estoit autrefois destinée aux exercices des Arenes, estát presentement remplie de plusieurs maisons particulieres; en sorte que la longueur de l'Ouale s'etand du Midy au Septentrion, & la largeur du Leuant au Couchant.

Or il faut remarquer que cét Amphitheatre est situé dás vn lieu inégal & panchár, qui obligea ceux qui le bâtirent de mettre les Principales Entrées au second étage, & à plain pied de l'endroit le plus éleué du lieu de sa situation, tellement que le premier Etage est tout caché dans la terre, hormis la quatriéme partie enuiron qui s'etend du Leuant, au Septentrion, ou paroissent quelques arcs, dont celluy qui regarde directement le Septentrion, estoit le Principal par lequel on faisoit entrer les Machines, & c'est de la qu'on pouuoit voir aisement toute la hauteur de l'Amphitheatre auec son Couronnement.

I'auoüe que nous ne sçauons pas quel estoit ce couronemét, parce qu'il ne paroit plus, & que nous en trouuós de deux sortes; car les vns n'estoiét qu'vn Parapet, ou Muraille d'vne Cane, & demie enuiron de hauteur, percée de diuerses fenétres qui seruoient à donner de

1. Toise 3 pieds & 4. pouces

l'Air à l'Amphitheatre, quand il estoit couuert d'vne Tente, comme il se voit dans les Amphitheatres de Rome, & les autres (comme celuy de Nismes) consistoiét en vne Muraille d'enuiron 4. pans de hauteur & en plusieurs Piliers de bois, qui soûtenoient la Tente dont nous venons de parler quand elle estoit étendüe, ce que nous expliquerons plus amplement dans vn autre Chapitre.

Cháque étage contenoit 60. Arcs du costé de la rüe & non pas 56. seulement comme dit Mr. de Romieu dans les Antiquitéz d'Arles, si ce n'est qu'il ne faille pas comprendre les 4. Entrées Principalles des Arenes dans le nombre des Arcs, auquel cas ie demeure d'accord qu'il n'y aura que 56. Arcs en châque étage, mais ie ne vois point de raison assez solide pour me faire distinguer les Arcs de ces Entrées, parceque ie n'y remarque que fort peu de difference.

Il est fort probable qu'il y auoit quelques degrez tout à l'entour de l'Amphitheatre, non pas tant par ornement, que pour empescher que les eaux des pluyes n'entrassent dans les Galeries, & ie ne doute pas que ces degrez ne fussent impairs, & en petit nombre; car i'ay appris d'vn Homme habile dans l'Architecture, & qui a veü quantité de bâtimens anciens dans l'Europe, que tous les degrez des vieux Edifices sont impairs.

Quand à l'Architecture qui fait le frontispice de nos Arenes, elle est de l'Ordre que les Maîtres de l'Art appellent composé; & quoyque presentement cette Architecture n'ayt ny Triglifes, ny Canelures, ny Oues, ny Cartouches, ny plusieurs autres Ornemens des Ordres, Dorique, Ionique, & Corinthien; elle ne laisse

*l'Amphitheatre d'Arles*

pas pourtant d'estre fort estimée par ceux qui sçauent les regles des Bâtimens, & qui sont Profession du mestier; car il ne faut que considerer les Chapiteaux corinthiens qui sont sur la troisiesme Galerie pour iuger de la riche Corniche, & autres Ornemens qu'ils portoient, & sans estre Architecte il suffit de voir le grand nombre des Arcs, des fenêtres, & des Parapets qui embellissoient ce superbe Edifice pour en conceuoir l'estime qu'il merite.

## CHAPITRE CINQVIEME
### DE LA PARTIE INTERIEVRE DE L'AMPHITHEATRE QVI REGARDOIT LA PLACE DV MILIEV, ET DE CETTE PLACE.

Tout le Bâtiment qui regardoit cette Place du milieu, estoit reuétu de sieges de pierre (en forme de degrez) de deux pans de hauteur, & de trois de largeur, qui pourtant n'aboutissoient pas tout-afait sur la place, comme on le pourra assez connoître par la suite de ce chapitre. *1. pied 7. pouces de haut, & 2. pieds 4. pouces de larg.*

La muraille qui bordoit cette place estoit éleuée d'enuiron 15. pans, & d'auantage (s'il n'y auoit vn fossé au pied comme remarquent les historiens) & se terminoit en vne Galerie où estoient les Sieges de l'Empereur, des Senateurs, & des Personnes les plus considerables, qui assistoient aux Spectacles. Cette Galerie s'appelloit Orchestre, elle estoit enrichie de diuers Ornemens, & estoit fermée d'vn Baluftre de Rouleaux *enuiron 2. Toises.*

*voyez Chapitre premier*

couchez qui pouuoient seruir d'appuy & de defense contre les bestes qui combattoient dans l'Amphitheatre. Ie laisse à disputer aux Curieux, si sur l'Orchestre il y auoit en cet Amphitheatre d'autres Galeries grandes ou petites, qui partageassent les degrez ou sieges. I'aioûte seulement que la Muraille de l'Orchestre qui estoit opposée au Balustre, & qui en estoit éloignée de deux canes au moins, estoit eleuée à proportion de la largeur de l'Orchestre, & que c'estoit au dessus de cette muraille que commencoient les Sieges de pierre qui estoient rangez tout alentour des Arenes pour la commodité des Spectateur. Remarquez qu'il y auoit en l'Orchestre 30. degrez (pour monter aux Sieges de Pierre) portez par des Arcs, comme nous verrons au Chap. suiuant.

2. Toises 5. pouces

Que si l'Orchestre ne pouuoit pas contenir toutes les Personnes de qualité, qui vouloient prendre le diuertissement de l'Amphitheatre, elles se plaçoient sur les Sieges qui suiuoient immediatement l'Orchestre, qui pour ce suiet estoient ornez de quelques tapis ou quarreaux.

Les Sieges qui composoient l'Amphitheatre, estoient accompagnez de diuers rangs de Portes distantes également les vnes des autres, qui toutes ensemble faisoient enuiron cent Portes, dont la plus part s'appelloient Vomitoires.

La Place du milieu (qui estoit appellée *Arena* parce qu'elle estoit couuerte de Sable) estoit d'vne figure Ouale vne fois plus longue, que large, Vt (dit Cassiodore) *concurrentibus aptum daretur spatium, & spectantes omnia faciliùs viderent dum quædam prolixa*

voyez chapitre premier.

*l'Amphitheatre d'Arles*  11

rotunditas vniuersa Colligeret. Deplus elle estoit enuironnée de plusieurs portes, par lesquelles on y entroit: & au milieu il y auoit vn grand Mast qui seruoit à soutenir la Tente dont nous parlerons au Chapitre quatorsiéme.

## CHAPITRE SIXIEME
### DV BAS ETAGE DE
#### L'AMPHITHEATRE D'ARLES

NOVS auons dit dans le Chapitre quatriéme que nostre Amphitheatre estoit composé de trois Etages; nous traiterons icy du Premier qui estoit épais de seize Canes, & trois Pans, & qui seruoit  17. Toises
comme de fondement aux deux autres.

Cet Etage depuis le frontispice iusqu'a la Place estoit diuisé en six parties differentes. La Premiere estoit enfermée entre deux rangs d'Arcs, & estoit vne Galerie d'onze pans enuiron de largeur qui faisoit enuiron 1. Toise & tout le tour de l'Amphitheatre: & comme la plus demie grande partie de cette Galerie estoit cachée dans la terre auec le premier Etage, comme nous l'auons remarqué ailleurs, elle estoit éclairée par diuerses ouuertures de la voute.

La seconde partie du premier Etage auoit trois canes & cinq pans enuiron de largeur, & seruoit à diuers enuiron 3. vsages, par le moyen de soixante murailles de separatió Toises & qui faisoient ou des Escaliers, ou des Passages, ou des 4. pieds. Chambres, ou des Prisons, ou des Canes pour les bestes.

La Troisiéme Partie estoit vn couroir d'onze pans 1. T. & dé.

environ de largeur, qui regnoit tout au tour de l'Amphitheatre hormis en vn endroit où il estoit coupé par vn Canal, qui donnoit passage à des Eaux qu'on faisoit entrer quelque fois dans les Arenes, comme nous le verrons au Chap. 13. & on entroit par ce couroir dans les divers logemens dont nous venons de parler.

Ce Couroir estoit suiui immediatement d'vn autre tout semblable, & qui donnoit entrée à plusieurs Chambres qui faisoient la cinquéme partie du premier Etage. Ces chambres estoient destinées à ceux qui paroissoient dans l'Amphitheatre, pour donner du plaisir au Peuple: elles auoient deux canes & deux pans de longueur, & parce qu'elles estoient plus larges d'vn côté que de l'autre à cause de la disposition du Bâtiment; l'vn des côtez estoit large d'vne cane, vn pan & trois quarts, & l'autre d'vne cane & trois pans.

La derniere Partie du premier Etage consistoit en vn Couroir de huit pans de largeur, qui estoit sous l'Orchestre, & qui regardoit sur la Place de l'Amphitheatre: ce Couroir estoit partagé par plusieurs Arcs qui auec les 30. degrez dont ils estoient chargez, & que nous auons faict remarquer au Chapitre precedent, aydoient a soutenir toute la masse de l'edifice; & c'est la qu'on mettoit les parfuns qu'on bruloit durant les spectacles.

Enfin il faut remarquer que tout ce premier Etage que nous venons de décrire, estoit percé de quelques Passages, qui conduisoient à l'Arene.

*enuiron 2. Toises & demie*

*2 Toises & 2. pieds*

*1. Toise 1. p. & 7. pouces*

*1. Toi. 2. p. 7. po.*

*1. Toi. & 2. pouces*

# CHAPITRE SEPTIEME
## DV SECOND ETAGE

LE Deuxiéme Etage contenoit cinq Parties, qui répondoient à celles qui faisoient le bas Etage.

La premiere qui touchoit le Frontispice estoit vne Galerie qui enfermoit tout l'Amphiteatre, éclairée de soixante Arcs exterieurs, qui seruoient de portes pour y entrer: & elle estoit couuerte de longues pierres appuyées sur des Corniches, qui répondoient à des autres semblables qui paroissoient sur le Frontispice de l'Amphitheatre. Cette Galerie du côté de l'Arene estoit bordée par 60. Arcs opposez aux premiers, qui donnoient entrée á autant de Descentes, & de Montées, qui tiroient leur iour de la Galerie.

Les Montées qui estoient en pareil nombre de 30. alloient aboutir à vn Couroir dont nous parlerons en son lieu; & les Descentes qui estoient en pareil nombre se terminoient à la troisiéme Partie de l'Etage dont nous traitons, qui estoit vn Couroir iustement sur celuy que nous auons mis dans la troisiéme Partie du premier Etage. Ce Couroir estoit diuisé par 45. murailles en autant de parties, 30. desquelles seruoient de repos aux 30 Descentes dont nous venons de parler, & de Passages pour aller aux Sieges de l'Amphitheatre. Quant aux autres 15. parties elles faisoient autant de Prisons.

La Quatriéme Partie de ce second Etage, consistoit en vn autre Couroir partagé par 60. murailles, qui formoient 30. Prisons, & autant de Passages.

La Derniere Partie aboutissoit sur l'Orchestre, & estoit composée de plusieurs Chambres, & Passages. La dimension des Chambres, & Prisons non seulement de cet Etage, mais aussi des deux Autres, se verra au Ch. 10.

# CHAPITRE HVITIEME
## DV TROISIEME ETAGE.

LE Troisieme Etage estoit moins ample que les deux autres, à cause de la disposition de l'Amphitheatre: d'où vient que le premier étage ayant 6. Parties, & le secód 5. celuy-cy n'en auoit que 4. Car premierement il auoit sa Galerie comme les autres, bordée de part & d'autre, d'vn pareil nombre d'Arcs.

De la on passoit à deux sortes de Degrez, dont les vns qui estoient au nombre de 30. seruoient à descendre dans vn Couroir qui faisoit la troisiéme partie de cet Etage; & ce Couroir seruoit de Repos à ces 30. Degrez, & à 30. autres qui venoient de l'Etage inferieur: en sorte que ces Repos estoient aussi des Passages pour s'auancer vers l'Arene.

La Quatriéme & derniere Partie du troisiéme Etage estoit vn Couroir qui estoit immediatement sous les Sieges des Spectateurs, & qui estoit coupé par 60. Murailles qui faisoient en Partie des Chambres, en partie des Passages.

Nous auons dit au Commencement de ce Chapitre qu'il y auoit deux sortes d'escaliers dans l'Etage que nous décriuons. Nous auons déja parlé des Premiers qui faisoient la deuxiéme Partie de cét Etage comme il paroit par ce que nous en auons dit. Il reste presentement à parler des autres qui estoient au nombre de 30 comme les precedens, & qui conduisoient sur la voute de la troisiéme Galerie.

Ces dernieres montées estoient dans l'entredeux des Murailles qui composoient les voutes, & elles estoient soutenues par vne autre petite voute prise au contraire des grandes; & aprés suiuoit vn Repos d'enuiron six pans, elles se continuoient à droite, & à gauche, & conduisoient sur la voute dont nous venons de parler. Enfin ces derniers degrez, auec leur Repos, formoient vn petit Couroir de six pans de largeur, couuert d'vne demie voute, sur laquelle se terminoit la continuation des Sieges de l'Amphitheatre.

*4. pieds & 8. pouces*

*4. pieds & 8. pouces*

I'ay omis à dessein dans la description des trois Etages plusieurs petis vuides qui estoient en diuers endroits de l'Amphitheatre, mais sur tout immediatement sous les sieges pour euiter la Confusion, & rendre l'intelligence des principales choses plus facile.

## CHAPITRE NEVVIEME
### DES ENTREES DE L'AMPHITHEATRE.

Comme les Arenes estoient publiques, & que chacun y couroit auec ardeur quand il y auoit quelque Spectacle; il falloit necessairement qu'elles eussent plusieurs Entrées pour la commodité du peuple: en effet celles cy en auoient 60. qui estoient les Arcs mesmes qui composoient la Galerie exterieure

*2. Toif. & vn pieds enuiron* — de l'Amphitheatre, & qui estoient larges d'enuiron deux cannes, & hautes à proportion.

De ces Portes on passoit à 100. autres enuiron qui regardoient l'Arene, & dont la plus part s'appelloient Vomitoires ; parce qu'elles sembloient vomir le Monde quand il entroit en foule.

Or entre les 60. portes, il y en auoit 4 Principales differentes des autres en 3. ou 4. choses. Car elles *1. pic. 7. p.* estoient plus larges de 2. pans, elles auançoient dans *1. pic. 7. p.* la ruë par vne saillie de 2. autres pans qui commençoit au Bas Etage, & ne finissoit qu'au Couronnement ; de plus elles auoient 4. aspects opposez, & conduisoient aux Places de l'Amphitheatre, qui estoient les plus commodes, & les plus considerables. Et parceque les grands comme l'Empereur, les Gouuerneurs & les Victorieux entroient d'ordinaire dans l'Amphitheatre par l'vn de ces grands Arcs ils auoient à droite, & à gauche, plusieurs petites Portes de communication pour faire passer aux Sieges de l'Amphitheatre ceux qui les auoient accompagnez, comme les Gardes, les Soldats, le Peuple.

Mais s'il y auoit du plaisir à voir entrer toute vne Ville dans vn Amphitheatre ; il y en auoit encore d'auantage à voir sortir le monde après les Ieux ; car on eust dit (voiant le nombre prodigieux de personnes qui sortoient de toutes parts,) que chaque Arc de l'Amphitheatre estoit vne Porte de Ville d'où sortoit vn Peuple tout entier.

CHAP.

## CHAPITRE DIXIEME
### DES LOGEMENS DE L'AMPHITHEATRE.

Qvoyque la circonferance des Arenes d'Arles ne fust pas extrémement grande, neantmoins on la croira beaucoup plus ample, si l'on considere le Nombre prodigieux des Logemens qu'elle enfermoit; car il y auoit plus de 150. Chambres, qui seruoient ou à Ceux qui deuoient paroitre dans les Ieux, ou aux Spectateurs, ou à Ceux qui auoient quelque Employ dans l'Amphitheatre; il y auoit outre cella plus de cent caues, ou Prisons, dans lesquelles on mettoit ou les coupables qui estoient condamnez aux bestes, ou les bestes mesmes qui estoiét destinées aux Exercices de l'Amphitheatre; Enfin il y auoit plusieurs Magazins, que lon faisoit seruir à diuers vsages, comme à enfermer les cordages, des Tentes, & les autres instrumens qu'on employoit dans les Ieux.

Vne partie des Chambres estoient immediatement sous les Sieges de l'Amphitheatre, & s'étendoient depuis l'Orchestre iusqu'au troisiéme Etage; dont vne partie estoit pour les diuers besoins, que les Spectateurs pouuoient auoir ou auant, ou durant les Spectacles. Le reste des Chambres estoit au bas Etage, & seruoit aux Acteurs, & à ceux qui auoient quelque Office dans l'Amphitheatre.

Les Caues, ou Prisons, estoient partie au premier Etage, partie au second. Celles qui estoient au premier Etage estoient presque-toutes du côté qui estoit entierement couuert de la rue celles qui estoient au

C

deuxiéme Etage; eſtoient les vnes entre les degrez & les chambres qui touchoient l'Orcheſtre, & les Autres ſous vne partie des degrez; quant aux Magazins, ils eſtoient preſque tous au premier Etage.

Auant que de rapporter la Dimenſion de tous ces Logemens, il faut ſçauoir qu'ils n'eſtoient pas également larges, ou longs aux deux extremitez, parce qu'à meſure qu'on s'auançoit vers l'Arene, les Eſpaces eſtoient plus étroits. Cela eſtant ſuppoſé, vne Partie des Chábres auoit enuiron 13. pans de longeur, & onze de largeur, & le reſte auoit deux canes, & deux pans de longueur, & enuiron vne cane, & trois pans de largeur.

*long. 1. T. 4. p. 2. po.*
*larg. 1. To. 2. p. 6. po.*
*long. 2. T. 2. p. & 2. po.*
*larg. 1. T. 2. p. & 6. po.*

Les Priſons, ou Caues, ou Cachots, (car ce ſont trois Mots que nous prenons icy pour la meſme choſe) auoient trois ſortes de dimenſion; Celles du premier Etage auoient trois canes, & cinq pans enuiron de longueur, & eſtoient beaucoup plus larges à vn bout qu'à l'autre.

*3. Toiſ. 4. pieds & 6. pou.*

Celles du ſecond Etage eſtoient differentes en leurs dimenſions; car les vnes auoient enuiron 13. pans de longueur, & onze de largeur, & les autres n'eſtoient pas toutafait ſi grandes, mais elles auoient cecy de particulier, qu'elles eſtoient voutées quaſi en forme de coquille parce qu'elles ſoûtenoient les degrez; enfin les Magaſins n'eſtoient pas tous égaux, ceux qui eſtoient proche de la Galerie du premier Etage, eſtoient longs de trois canes, & cinq pans, & eſtoient bien plus larges en vne extremité qu'en l'autre; les Autres eſtoient plus petits à cauſe de la nature du lieu où ils eſtoient ſituez. Vous iugerez par la figure comment tous ces logements pouuoient eſtre éclairez.

*1. Toiſe 4. pie. 2. po.*
*1. Toiſe 2. pieds & 6. pouces*

*3. Toiſes 4. pieds & 6 pouces*

## CHAPITRE ONZIEME
### DES PASSAGES, ET DES DEGREZ DE L'AMPHITHEATRE.

LE nombre prodigieux des logemens dont nous auons parlé dans le Chap. precedent, fera fans doute conceuoir vne Idée tres auantagieuse de l'Interieur de noftre Amphitheatre; mais ce que i'ay à dire prefentement, ne caufera pas moins d'admiration.

Car fans parler des differentes Galeries, des trois Etages, dont nous auons déja fait cy deffus le dénombrement, il y auoit plus de cent Paffages qui alloient du Frontifpice à l'Arene, dont 5. feulement eftoient au premier Etage, parce qu'il n'eftoit pas fort frequenté, & les Autres eftoient au Second, & au Troifiéme.

Entre ces Paffages il y en auoit 12. plus ouuerts que les autres, dont 4. eftoient au premier 4. au fecond, & 4. au troifiéme Etage, & répondoient aux 4. principalles Entrées dont nous auons parlé au Chap. 9.

Deplus il y auoit 60. & 16. Efcaliers, dans tout le corps du Bâtiment, car le premier Etage en auoit 15. qui alloient de la premiere galerie au fecond Couroir. Le fecond en auoit 60. qui n'eftoient pas tous difpofez de la mefme maniere; car il y en auoit 30. qui feruoient à defcendre, & 30. qui feruoient à monter; entre les 30. qui feruoient à defcendre, il y en auoit 15. qui alloient rencontrer ceux du premier Etage au Couroir dont nous venons de parler; & les autres 15. aboutiffoient veritablement au mefme Couroir, mais

ceux de, & pour l'Orcheftre n'y font pas compris

C ij

ce n'eſtoit que pour enfiler les paſſages qui conduiſoient aux Sieges de l'Amphitheatre. Quant aux 30. autres Eſcaliers du meſme Etage ils aboutiſſoient tous au troiſiéme Couroir, où continuant de monter ils ſe diuiſoient vers le haut de la troiſiéme galerie en deux, à droit, & à gauche, pour entrer au petit Couroir dont nous auons traitté au Chap. 8. Enfin ſur le troiſiéme Etage & dans le meſme Couroir il y auoit vne petite Montée qui eſtoit priſe dans l'épaiſſeur de la Muraille du Frontiſpice, & qui conduiſoit, au ſommet du Bâtiment.

Que ſi on à la curioſité de ſçauoir combien il y auoit de Marches en chaſque Montée. En chaque Eſcalier du premier Etage il y auoit 30. Marches qui toutes enſemble en faiſoient 450.

Au ſecond Etage les Montées n'eſtoient pas toutes compoſées d'vn pareil nombre de marches, car il y en auoit 30. qui n'en auoient que 25. qui toutes priſes enſemble faiſoient 750. Marches. & les autres 30. du meſme Etage auoient chacune 96. Marches qui alloient à 2880.

Enfin la derniere Montée eſtoit de 15. à 20. Marches; & toutes ces Marches dont nous venons de faire le rapport en détail, montoient à 4094. Marches differentes.

Or pour conceuoir plus aiſément la diſpoſition de toutes ces Montées deſquelles nous auons fait le denombrement, ie feray la deſcription de l'vne des Montées du premier au troiſiéme Etage, pour faciliter au Lecteur l'intelligence de toutes les Autres

Pour aller de la premiere Galerie qui tourne vers la rue (auſſi bien que les deux autres) au ſecond couroir du cofté de l'Arene on montoit 30. marches de la on paffoit par 25. marches a la feconde galerie. De cette galerie on auoit encore 25. marches à monter, auant que d'arriuer au troifiéme couroir qui eftoit vers l'Arene. De ce couroir on fe rendoit à la troifiéme galerie par 25. autres marches. Sortant de la on montoit 34. marches, & puis on trouuoit vn Repos de 6. pans qui auoit 6. marches d'vn cofté, & 6. de l'autre dans le petit couroir dont nous auons parlé dans ce chapitre; & après auoir monté fix de ces marches en vn endroit, l'on enfiloit la petite montée de 15. à 20. marches, qui aboutiffoit au deffus du plus haut Parapet de l'Amphitheatre. Et toutes les Marches de cet Efcalier (dont la Hauteur égale celle du Frontifpice) montent à 164. chacune de 3. quarts de pan; tous lefqu'els quarts de pans eftant ioints emfemble, font 16. Canes & 3. Pans d'eleuation. Sur quoy il faut remarquer que dans les Couroirs qu'on trouuoit en montant, il y auoit plufieurs Paffages qui conduifoient aux Sieges. 7. pouces 17. Toif,

Que s'il arriuoit que quelqu'un s'étonnaft de ce que les Montées du premier Etage, au Second, & du Second au Troifiéme, eftoit compofées d'vn fi petit nombre de Marches; il faut remarquer que cela venoit de la difpofition de l'Amphitheatre dont les Etages eftoient plus bas à mefure qu'on s'auançoit vers l'Arene d'où vient que quand on montoit du premier Etage au deuxiéme du cofté interieur de l'Amphitheatre (après auoir monté 30. Marches) pour repaffer au fecond Etage qui eftoit fur la rue il faloit monter encore 25. autres Marches; car le fommet du troifiéme Etage qui eftoit du cofté de l'Arene, eftoit à plain pied de la troifiéme Galerie qui regardoit fur la rue.

## CHAPITRE DOVZIEME
### DE LA STRVCTVRES DES ARENES.

IL est vray que les Romains estoient magnifiques en tout ce qu'il faisoient, & que le Desir de la gloire qui les animoit en toutes leurs entreprises, ne leur inspiroit rien qui ne fust grand; mais certes il faut auoüer que leur magnificence éclatoit particulierement das les Amphitheatres, & que s'ils estoient infatiable dans le trauail, ils estoient prodigues dans les choses qui seruoient au plaisir. Aussi Martial parlant de ce fameux Colisée, qui fut commencé par Vespasien, & acheué par Tite son Fils, le fait passer pour l'ourrage le plus excellent du monde.

Martial.    *Omnis Cæsareo cadat labor Amphitheatro.*
     *Vnum præ cunctis fama loquatur opus.*

Nostre Amphitheatre nous fournit de belles preuues de cette verité; car il estoit si superbe qu'il répondoit parfaittement à la graudeur des Romains, & sa Structure estoit si solide, qu'il ne durera pas moins que leur Gloire.

Ce grand Edifice est entierement fondé sur la Roche, les Fondemens qui soutiennent les principalles murailles, ont plus de deux canes d'épaisseur, les Pierres qui les composent, sont si prodigieuses, qu'elles surprirent il n'y a pas long temps quelques Particuliers voisins des Arenes, qui creusant vne cîterne, trouuerent dans la terre les Fondemens dont nous parlons.

plus de 2. Toises.

La Muraille qui estoit appuyée sur ces fondemens,

& qui est celle qui paroit encore aujourd'huy, & qui fait le Frontispice de l'Amphitheatre, a 12. Pans d'épaisseur au pied, & se diminüe a mesure qu'elle s'éleue selon les regles ordinaires de l'Art. Les autres Murailles qui sont dans le corps du Bâtimét, sont moins épaisses a la verité; mais c'est parce qu'elles ont moins d'éleuation, & sont appuyées de toute part. 1. Toise 3. pieds 3. P.

Toutes les Murailles interieures estoient liées à la naissance des voutes d'vn Rang de pierres; qui formoit sur les deux faces vne Corniche; neantmoins dans les lieux qui estoient moins frequentez, au lieu de Corniche, il n'y auoit qu'vn simple Cordon.

Les deux Murailles qui composoient les trois Galeries exterieures des trois Etages, estoient liées au Troisiéme par six vins pierres, qui estoient separées l'vne de l'autre par quelque distance, & qui auoient de l'ongueur les vnes 16. pans, les Autres 18. & les Autres vint, & enuiron trois pans de largeur. Et ces deux Murailles auec leurs Arcs, & celle de l'Orchestre estoient construites de grosses pierres de taille, au lieu que toutes les Autres estoient faites de pierres, qui venoient bien de la mesme Carriere mais qui n'auoient qu'vn pan de longueur, & vn demi-pan de largeur. 2. Toises 5. pouces. 2. Toises. 2. pieds 2. Toises 3. pieds & 5. pouces. de largeur 2. pieds & 5. pouces. 9. pou. & demy lon. & 5 de lar.

Or comme les Voutes fortifient les Bâtimens, & qu'on auoit tasché de faire Celuy cy à l'épreuue de toutes les iniures du temps, il estoit vouté par tout à la reserue de la Galerie exterieure du second Etage, & du Couroir qui estoit sous l'Orchestre couuert d'vne plate bande, & entrecoupé de plusieurs Arcs qui appuïoient tout l'Edifice comme nous auons dit ailleurs.

Deplus il ne faut pas omettre en cet endroit vne certaine Muraille fort épaisse, plus anciene que l'Amphitheatre mefme, qui paroit encore depuis l'entrée qui regarde le leuant, iufqu'a celle qui eft tournée vers le Septentrion, & qui fans doute fut laiffée pour appuyer de ce cofté là, le fecond, & le troifiéme Etage.

Or cette Muraille va droit à vne Caue enfermée dans les Arenes, qui pourtant eft toutafait differente des autres que nous auons décrites cy deffus, d'où il eft aifé d'inferer, que les Arenes d'Arles furent bâties fur les Ruines de quelque Grand, & Ancien Bâtiment. Enfin on peut connoitre l'Exellence de noftre Amphitheatre, par fa Matiere, car il n'eft ny de Bois, ny de Briques, comme quelques Autres, mais de Pierre comme les plus fameux qui furent bâtis par les Romains.

## CHAPITRE TREZIEME
### DES EAVX QVE L'ON FAISOIT ENTRER QVELQVEFOIS DANS LES ARENES, ET DE LEVR VSAGE.

LA Varieté eft naturellement agreable, & les chofes qui font communes perdent ordinairemét tout leur prix, & quafi tous leurs charmes.

C'eft pourquoy les Romains auoient foin de ne pas donner toûjours les mefmes diuertiffemens au peuple, & de ioindre de temps en temps la Diuerfité, a la Magnificence de leurs Spectacles. Car ils ne reprefentoient pas toûjours des Combats fur terre dans leurs Arenes, mais ils faifoient voir auffi quelquefois vn Image de ces Batailles fanglantes, qui fe donnant fur la mer, mêlent le fang humain auec l'eau. Cela paroit par vn Canal dont il reste encore presentement de grands Vestiges dans le Terroir d'Arles, principalemét depuis l'Amphitheatre iusques auprés d'vn Chateau nómé Barbegau, à vne liciie d'Arles; & au quartier qu'ó appelle Mouleirez on voit vne partie de ce Canal entaillé dans le Rocher; fans parler du Pont de Crau, il en reste vne vielle Muraille auprés d'vn moulin à drap au commencemét de la Crau; Or plusieurs Arcs qui soûtiennér, ce Canal montrét par leur nombre, & leur structure qu'il estoit destiné à quelque chose de grand. Sur quoy il ne faut pas s'imaginer qu'il ne seruist feulement qu'a conduire des eaux dans la ville pour l'ufage des habitans; car on a trouué vn Reseruoir auprés des Arenes d'où fortoient plusieurs autres canaux, vn defquels alloit droit à l'Amphitheatre; & les Autres se repandoient en diuers quartiers de la Ville. Et depeur que ce que ie dis de ce Reseruoir ne passe pour vne Imagination ie crois qu'il est apropos d'en dire quelques particularitez. Ce Reseruoir fut trouué enuiron au commencement de ce Siecle, en faisant vne citerne, dans la maison de Mr. Boquy, qui est située entre les R. P. Cordeliers, & l'entrée des Arenes qui regarde le Septenttion. I'ay eû la curiosité de le voir moy mefme, & i'y descendis il n'y a pas fort long temps auec trois Personnes que ie pourrois nommer. On n'y peut descendre fans machines, à cause de fa Profondeur, il a deux canes, & fix pans de Largeur; fa Longueur ne paroit pas, parce que les voisins l'ont partagé en plusieurs parties. Il n'est pas vouté, mais il est couuert de longues pierres soûtenuës par des piliers. Enfin le ciment qu'on employe d'ordinaire dans les Reseruoirs

2. Toises & 5. pied

5. pouces. s'y voit encore, & a vn demi pan dépaiſſeur.

Sortant de ce Reſeruoir nous fûmes viſiter le Canal, qui de la portoit l'eau dans les Arenes; il a enuiron 7. pans de hauteur, & 4. de largeur; d'où l'on peut inferer qu'on faiſoit entrer beaucoup d'eau dans l'Amphitheatre, quand on y vouloit repreſenter quelque Combat Naual.

5. pieds &
5. pouces
de hauteur
& 3. pieds
& 1. pouce
de largeur,

L'endroit où ſe déchargeoit l'eau dans les Arenes, eſtoit vn Paſſage coupé dans la roche, qui interrompoit les couroirs du premier Etage. Et les Veſtiges de ce paſſage, ſubſiſtent encore entre les entrées du couchant, & du Septentrion.

Ie ne veux pas m'arreſter icy à faire la deſcription des Exercices qui ſe faiſoient ſur l'eau dans les Arenes, parceque ie ne pourrois rien aiouter à ce que les Auteurs ont deia dit ſur ce ſuiet, & que mon deſſein n'eſt pas d'en traitter mais ſeulement de tracer au public vn ſimple tableau tant de l'Etat ancien, que de l'Etat preſent de l'Amphitheatre d'Arles.

## CHAPITRE QVATORZIEME
### DE LA TENTE DONT ON COVVROIT L'AMPHITHEATRE QVAND IL FAISOIT CHAVD.

LEs Anciens auoient coûtume de couurir les Amphitheatres, & les Theatres meſmes, quand il faiſoit bien chaud, depeur que le Soleil n'incommodaſt les Acteurs, & ceux qui regardoient les Spectacles. *tegmen etiam Amphitheatri latet : quod superinduci solet, arcendo astui, ac soli.* Dit Lipse. Valere maxime dit que q. Catulus inuenta le premier ce secret, ou pour le moins quil fut le premier qui le fit pratiquer à Rome. *Religionem ludorum crescentib⁹ opib⁹ mox secuta lautitia est eius instinctu q. Catul⁹ Campanam imitatus luxuriam, primus spectantium confessum velorum vmbraculis texit* Ces voiles s'éleuoient par le moyen d'vn grand Mast qui estoit planté au milieu des Arenes, & des Soldats de marine auoient soin de les hausser ou abbaisser, selon que la necissité lexigeoit parce que dit Lipse, *Maritimi illi iure periti tractandorum velorum.* Ces voiles estoient de diuerses couleurs; car Lentulus spinther en fit faire de lin, & Neron de pourpre, dans lesquels il se fit peindre menant vn char, & tout enuironné détoiles comme vn Soleil. Iuuenal appelle tout cét appareil de voiles *Velaria.*

*Pugnas cilicis laudabat, & ictus,*
*& pegma, & pueros inde ad velaria raptos.*

Or comme les vents ne permettoient pas quelquefois détendre ces Voiles; alors on se seruoit de Dais, de grands Chapeaux, ou de quelque autre Couuerture de teste, ou bien on éleuoit quelque Piece de toile en forme de Tente, ou de Pauillon, pour se defendre des ardeurs du Soleil.

Cela estant supposé. il ne faut pas douter que l'Amphitheatre d'Arles, n'eust sa Tente comme les Autres; puis quil est constant, non seulement par le témoignage de Lipse, mais parce qui paroit encore, que l'Amphitheatre de Nismes qui estoit moindre que le nostre auoit la sienne. Et quand i'assurerois que cette Tente estoit de soie, ie ne croirois pas offenser la verité

Lips. de Amphith. Chap. 17.
Valer. maxim.

Lips. ibid.
Plin. Lib. 19.
Xiphilinus.

Iuuenalis.

car nous lisons dans Dion que toutes ces Couuertures des Theatres estoient ordinairement de cette matiere.

*Dion*

# CHAPITRE QVINZIEME
## DE LA CAPACITE
### DES ARENES D'ARLES.

SI la Ville d'Arles estoit autrefois celebre pour l'Autel qui luy a doné le Nom qu'elle porte presentemét elle n'estoit pas moins Illustre par la Grandeur & la Capacité de son Amphitheatre.

En effet Monsieur Bouche dans les Antiquitez de Prouence, dit que les Arenes d'Arles ont de Circonference 1224. pieds, & Monsieur de Romieu dans le liure que nous auons déja cité asseure qu'elles pouuoient contenir trente mille personnes assises à leur aise. Mais comme ie ne me contente pas facilement du témoignage d'autruy dans les choses qu'on peut apprendre par le rapport des sens, i'ay pris la peine d'aller souuent sur le lieu, & non seulement de le mesurer exactement moy mesme, mais aussi de le faire mesurer en ma presence à des personnes du mestier.

Or auant que de raporter ces Dimensions qui s'exprimeront plus facilement par le chiffre, que par les paroles, il faut sçauoir Premierement, qu'en mesurant ie me suis seruy de la Cane, qui est vne sorte de mesure communement en vsage par toute la prouence, & qui a huit pans de Longueur, secondement il faut remarquer que le Pan est vne autre sorte de mesure, qui a de Longueur vne main ouuerte, & vn grand pouce, ou autrement neuf pouces & demy.

Enfin i'ay voulu exprimer toutes les Dimensions par la Toise, & le Pied, qu'on appelle en France Pied du Roy ou Pied droit; la Toise est vne mesure composée de six pieds; le Pied est vn autre sorte de mesure composée de 12. pouces; & le Pouce est de douze lignes, afin que les Estrangers, aussi bien que Ceux du païs trouuent leur Satisfaction. Cela supposé.

Le Frontispice de l'Amphitheatre d'Arles auoit de Hauteur enuiron 16. canes & 3. pans.

La Circonferance en auoit en haut 187. canes & 4. pans sans y comprendre la saillie de l'Architecture.

Le Diametre du Midy au Septentrion en auoit 69. Celuy du Leuant au Couchant en auoit 50. 4. pans & 3. quarts.

Le Diametre de la Place du milieu en auoit du Midy au Septentrion 37.

Celuy du Leuant au Couchant en auoit 18. 4. pans & 3. quarts.

L'espaisseur du Bâtiment en auoit 16. & 3. pans.

Tout l'Amphitheatre qui consistoit en 43. Rangs de Sieges; en y comprenant les places des Principaux auoit 5858. canes & 6. pans comme on le verra dans la suite par la suppputation de chaque rang, où il faut remarquer que le rang le plus éleué est copié pour deux, parce qu'il portoit deux rangs de personnes, l'vn sur son areste, & l'autre sur l'espace qui restoit de sa largeur.

Or à raison de 4. personnes pour cane, il y auoit dequoy loger dans l'Amphitheatre 23435. Personnes assises; sans conter les Enfans, qui pouuoient estre logez entre deux rangs; car nous lisons dans Vitruue, que les Peres & les Meres auoient auec eux ordinairement leurs Enfans, qui augmentoient le nombre des

*Vitruuius lib. 5. Cap. 3.*

*l'Amphitheatre d'Arles.*

spectateurs.

Nous auons dit que l'Amphitheatre consistoit en 43. Rangs de Sieges ; car quoy qu'il n'y en eust que 36. en effet : neanmoins l'espace qui seruoit à loger les personnes de qualité, pouuoit suffire à faire 6. rangs ordinaires de Sieges, & de plus le Rang le plus haut en valoit deux.

Les Dimensiōs de ce Chapitre faictes auec la Cane & le Pan, sont exprimées, par Toises & Pieds à la fin du Liure.

Ie n'ay pas mis à la marge (pour ne la trop remplir) les Parties des pouces aux Dimensions, où i'a y creu quelles estoient de fort peu d'importance.

Voicy le Nombre des Personnes que cháque Rang de Sieges pouuoit contenir, cháque Place ayant (vne portant l'autre) 3. pans de flanc, & 2. de front.

La plus grande & plus haute de 43. Rangées, estoit de 734. Personnes. Et la plus Basse, de 356.

| | | | |
|---|---|---|---|
| 734 | 635 | 536 | 437 |
| 725 | 626 | 527 | 428 |
| 716 | 617 | 518 | 419 |
| 707 | 608 | 509 | 410 |
| 698 | 599 | 500 | 392 |
| 689 | 590 | 491 | 383 |
| 680 | 581 | 482 | 374 |
| 671 | 572 | 473 | 365 |
| 662 | 563 | 464 | 356 |
| 653 | 554 | 455 | |
| 644 | 545 | 446 | |

vingt trois mille quatre cens trente cinq.

Les Enfans qui se trouuoiēt en ces assemblées ne sont pas compris en ce Nombre de 23435.

## l'Amphitheatre d'Arles

Voicy maintenant les Dimensions de tous les Rangs, & de tous les Sieges.

| Canes. | Pans. | Canes. | Pans. |
|---|---|---|---|
| 183 | 4 | 134 | |
| 181 | 2 | 131 | 6 |
| 179 | | 129 | 4 |
| 176 | 6 | 127 | 2 |
| 174 | 4 | 125 | |
| 172 | 2 | 122 | 6 |
| 170 | | 120 | 4 |
| 167 | 6 | 118 | 2 |
| 165 | 4 | 116 | |
| 163 | 2 | 113 | 6 |
| 161 | | 111 | 4 |
| 158 | 6 | 109 | 2 |
| 156 | 4 | 107 | |
| 154 | 2 | 104 | 6 |
| 152 | | 102 | 4 |
| 149 | 6 | 100 | 2 |
| 147 | 4 | 98 | |
| 145 | 2 | 95 | 6 |
| 143 | | 93 | 4 |
| 140 | 6 | 91 | 2 |
| 138 | 4 | 89 | |
| 136 | 2 | | |

5858. Canes & 6. Pans.

C'est le front, ou la Longueur de tous les Sieges ensemble.

Les Sieges qui estoient destinés à placer ceux qui prenoient le Divertissement des Arenes, auoient chacun 5. pans de flanc & 2. de front l'vn portant l'autre, car les Sieges des personnes de condition, estant plus grands, les Autres se trouuoient plus petits.

Le chiffre exprime le Nombre des canes que chaque rang de Sieges auoit de longueur, en sorte que le premier Chiffre qui est de 183. Canes, & 4. Pans, répond au premier rang d'en haut, le second qui est de 181. canes, & 2. pans au deuxiéme, & ainsi des Autres.

Sur quoy il faut remarquer deux choses; la premiere est que le plus haut Rang de sieges estoit éloigné de quelques pans de la ligne du frontispice, & la seconde est que la Circonferance du frontispice étant plus ample en bas, qu'en haut, nous auons eû égard dans nos dimensions au retressissement de la muraille.

## CHAPITRE SEIZIEME
### DE L'ETAT PRESENT
#### DES ARENES D'ARLES

L'Immortalité est le partage des Esprits, & les Corps les plus solides n'ont pas assez de force pour se defendre de la corruption; ainsi ceux qui n'ont iamais veu l'Amphitheatre d'Arles, ne doiuent pas s'imaginer qu'il soit toûiours au mesme Etat auquel il estoit en sa Naissance, & que le nombre de ses Années n'ait fait aucun tort à sa Beauté; car au dernier Etage on ne voit plus que la Galerie, dont les Arcs ont esté murez & separez de plusieurs murailles par diuers particuliers qui les ont fait seruir à leur logement, & le Reste de 30 Auges, & de 30. Canaux d'vn pan & vn quart de largeur, qui perçoient perpendiculairement toutes les murailles, & portoient les eaux des pluyes ius-

1. pied &
2. pouces

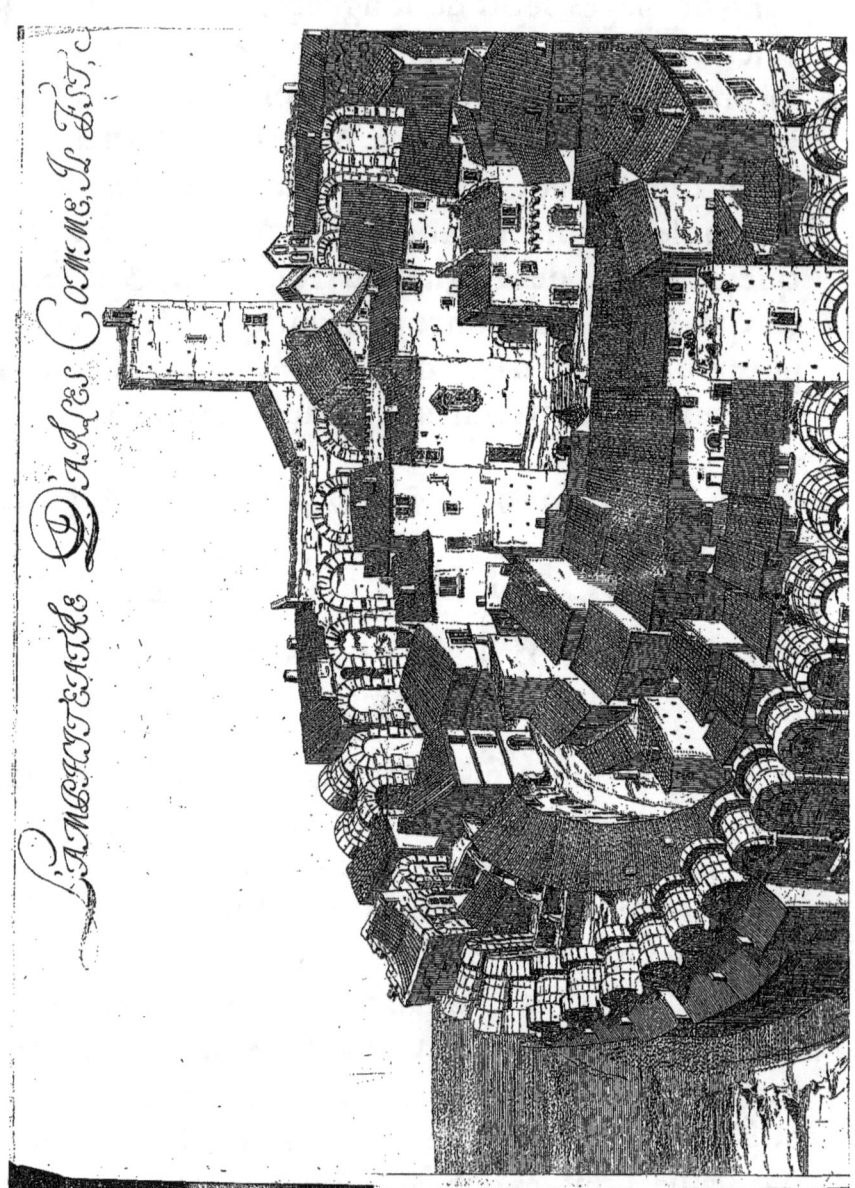

Le D'arles Comme Il est à present, 1666.

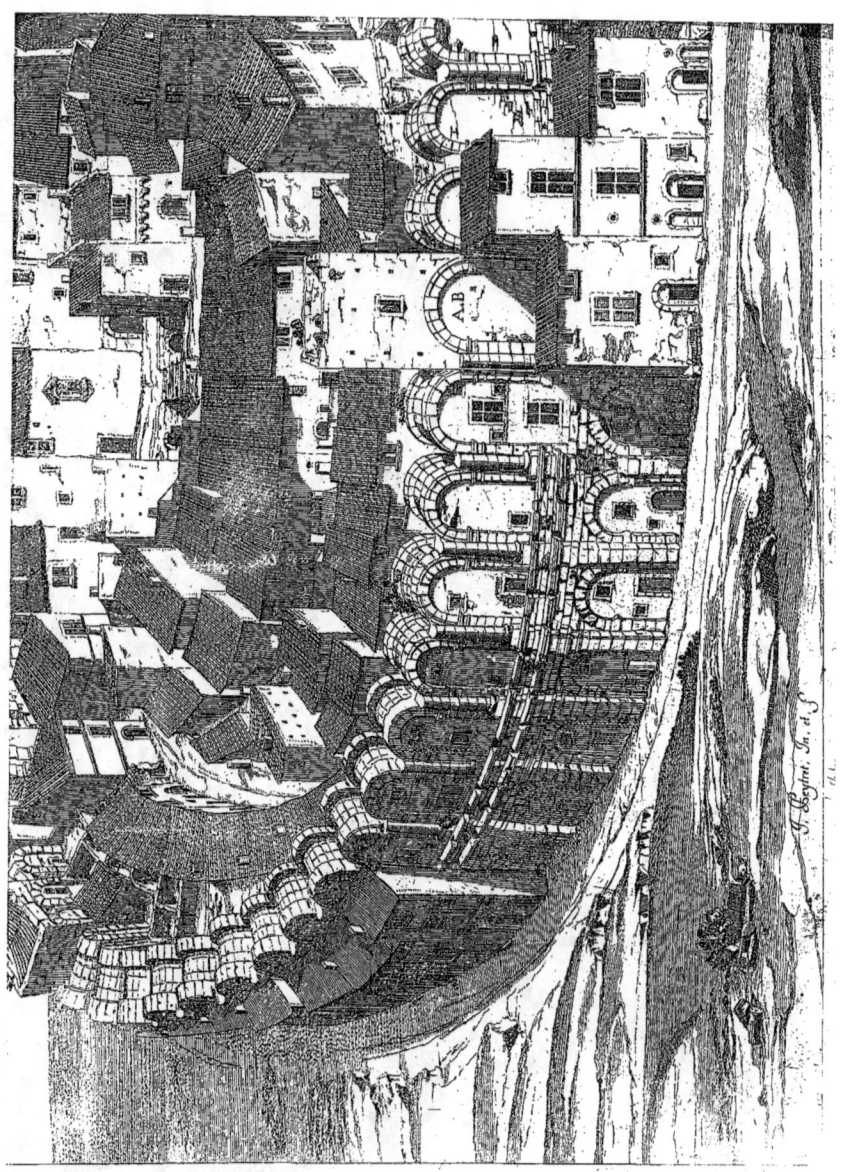

qu'au premier Etage. Enfin en divers endroits paroissent encore les restes du troisieme courroir.

Au Deuxiéme Etage, la Galerie est encore au mesme Etat que celle du Troisiéme, & les Voutes des 60 Môtées dont nous auons parlé ailleurs; leurs Repos, & quelques Prisons, subsistent pareillement Où il faut remarquer, que cét Etage est habité par plusieurs personnes, qui pour leur commodité, ont fermé tous les Passages & abbatu plusieurs Murailles qui separoient les Prisons Ainsi; il manque à cét Etage comme aux autres tous les Degrez qu'il auoit autrefois, & quelques Chambres.

Le Premier Etage est presque tout entier, hormis que la plus part des Chambres, des Prisons, des caues des Couroirs, & la Galerie mesme, sont comblez de terre. Mais nonobstant toutes ces Ruines, il y a encore vn certain endroit du côté de la rue qu'on appelle communement la Rue de saint Paul, par lequel on peut aller du Frontispice à l'Arène, c'est à dire à la Place, de l'Amphitheatre.

Cette Place qui estoit le Theatre sur lequel on representoit les Ieux & les Spectacles, est toute remplie de terre iusqu'au second Etage, & est presentement toute couuerte de maisons.

La Face interieure de l'Amphitheatre est toute defigurée; car de tous les Sieges qui seruoient à loger les Spectateurs, il n'en reste plus que deux, qui sont deux grosses Pierres, longues d'enuiron vne cane & demies en sorte que tout ce qui estoit autrefois remply de sieges est maintenant occupé par des maisons

1. Toise & demie

Quant au frontispice de l'Amphitheatre, il est quasi tout couuert de maisons, qui le dérobent à la veüe; mais pourtant la face du second & du Troisième Etage

E

paroit en diuers endroits.

On voit prefentement trois Tours fur les Arenes, qui ont efté bâties durant les Guerres, & qui n'ont iamais efté du deffein de l'Amphitheatre; car ce n'eftoit nullement la coûtume des Anciens de fortifier leurs Amphitheatres par des Tours; & deplus la ftructure de ces Tours, eft toutafait differente de celle des Arenes.

Ie paffe foubs filence plufieurs autres petites particularitez, qui appartiennent à l'Eftat prefent de l'Amphitheatre d'Arles, pour fortir promptement de fes Ruines fur lefquelles ie ne puis m'arréter, fans renouueller le iufte déplaifir que i'ay de ne le pas voir auiourd'huy dans tout l'Eclat, & toute la Maiefté qu'il a eü autrefois.

Mais auant que de finir ce chapitre, il me femble que le fuiet que ie traite me porte à refuter deux Erreurs qui fe font gliffées parmy le peuple, & qui paffent prefentement pour des traditions dans la Ville d'Arles.

La Premiere eft, qu'il y a vne Caue dans les Arenes d'Arles, qui va iufques à celles de Nifmes, & la Seconde, que la plus part ne fçauroient fe perfuader que l'Amphitheatre d'Arles ait iamais efté acheué.

Quant à la Caue, il eft aifé de prouuer que c'eft vne pure Vifion, & qu'elle n'eft nullement en effet; Car i'ay veü moy méme les Arenes d'Arles, & de Nifmes, & n'y ay rien trouué qui me conuainquift de la verité de cette Caue. Deplus chacun fçait qu'entre Arles & Nifmes, il y a le Rofne qui eft dans vne fituation fort baffe au refpet de noftre Amphitheatre, il y a auffi de grands Etangs, qui empefcheroient neceffairement la communication de cette Caue. I'auoüe qu'il y en a quelques vnes qui fortent tant des Arenes de Nifmes que de celles d'Arles, qui pourroient auoir donné lieu à cette opinion, mais elles ne seruoient purement qu'a receuoir, & écouler les eaux, que l'on faisoit entrer dans les Arenes, quand on representoit quelque Combat Naual. Tellement qu'il est fort probable que la Caue de l'Amphitheatre d'Arles qui seruoit à cét vsage, aboutissoit precisement au Rosne.

Pour ce qui est de la seconde Opinion, elle est aussi facile a destruire que la premiere. Car premierement quelle apparence que les Romains qui estoient fort exacts en toutes choses, eussent esté si negligens en ce point, que de ne pas acheuer vn Amphitheatre aussi considerable que celuy d'Arles; puisqu'il est constant par l'Histoire que les Empereurs mémes y firent des Ieux trés magnifiques, comme nous l'auons remarqué au chapitre troisiéme. En second lieu nous voyons encore des vestiges anciens des marches qui conduisoient autrefois au couronnement de l'Amphitheatre. Enfin il nous reste deux Sieges de pierre sur la plus haute galerie des Arenes, qui font assez iuger, qu'il y a eü autrefois d'autres Sieges sous ces deux là; & par consequent que tout le corps du Bâtiment qui deuoit soûtenir ces Sieges qui composoient l'Amphitheatre a esté dans sa Perfection.

# CHAPITRE DERNIER.
## PARALLELE DES ARENES D'ARLES AVEC CELLES DE NISMES.

Les Amphitheatres d'Arles, & de Nismes, sont ioints emsemble par tant de raisons, que pour ne les pas séparer, i'ay crû estre obligé de les mettre en Parallele.

Ils sont tous deux d'vne figure Ouale, leurs Galeries sont composées d'vn pareil nombre d'Arcs ils ont chacun 4. Entrées Principales, l'Architecture de l'vn & de l'autre a beaucoup de rapport, ils ont tous deux leurs Aqueducs qui seruoient aux Exercices qui se faisoient sur l'eau, l'vn & l'autre est comblé au milieu & réply de Maisons, Enfin ils ont tous deux des Tours parce qu'ils ont tous deux seruy de Forteresse durant les guerres; d'où vient q'vn certain *Rodericus* appelle l'Amphitheatre de Nismes, *Præsidium Arenarum*.
Voila à peu prés les choses dans lesquelles les Arenes d'Arles conuiennent auec celles de Nismes; mais voicy leurs Auantages, & leurs Differences particulieres.

Les Arenes de Nismes sont bâties d'vne Pierre plus dure, & plus blanche, que celles d'Arles, deux ou trois de leurs Entreés paroissent plus belles, L'exterieur du Bâtiment est plus entier, Enfin pour faire leur Panegyrique en peu de mots, I'aioute auec Lipse, qu'elles sont celebres, non seulement dans la France, mais aussi par toute l'Europe.

*Lips. de Ampf. quæ extra Cap. 5.*

Mais sans faire tort à cet Amphitheatre, & sans offenser la Iustice, il faut qu'il cede au Nostre la gloire d'estre bien plus Illustre pour sa Grandeur, pour la Structure, & Architecture lors quil estoit en son entier; comme on en Iuge par le reste des Corniches & Chapiteaux; car premierement l'Amphitheatre d'Arles a bien Plus de Circonferance; secondement il est plus Epais de 2. canes, & enuiron 3. pans; d'où vient que celuy-cy auoit 6. Rangs de sieges, plus que celuy de Nismes, & pouuoit par consequant contenir enuiron 5. mille Personnes d'auantage.

*remarquez que la Cane de Nimes est plus petite que celle d'Arles*

*2. Toises 2 pied, 4. po.*

En troisiéme lieu, les 4. principales Entrées de nos

Arenes sont également Magnifiques par leur Grandeur, & par leur Saillie, & L'enportent sur celles de Nismes pour ce qui est du dedans, comme il se voit par vne des Entrees qui paroit encore toute entiere, au lieu qu'entre celles de Nismes il y en a vne qui na rien de plus specieux que le nom d'Entrée qu'on luy donne, Deplus les Chapiteaux, & les Corniches de nostre Amphitheatre sont plus riches.

Tout le premier Etage quoy que couuert de terre, est encore en son entier, en sorte qu'on le peut trauerser toutafait; Enfin l'Amphitheatre d'Arles (surpassant celuy de Nismes en Grandeur) il auoit plus de Degrez, plus de Couroirs; & beaucoup plus de Chambres; ou elles estoint plus grandes.

Que si l'on m'oppose que l'Amphitheatre de Nismes semble estre plus celebre que celuy d'Arles ? Qui est ce qui ne sçait pas que la Renommée ne fait pas le prix, & la valeur des choses, que l'Or est caché dans les abymes, que les Perles sont enseuelies dans le fond de la mer, & que comme la Nature n'expose pas toûiours ce qu'elle a de plus precieux; aussi les Ouurages de l'Art les plus excellens, ne sont pas toûiours les plus connus; d'ailleurs Nismes n'a rien de plus considerable que son Amphitheatre, c'est pourquoy il ne faut pas s'étonner, si les Auteurs en faisant l'Eloge de cette Ville, y ont toûiours fait entrer ses Arenes, comme le plus rare de ses Ornemens.

Mais la Ville d'Arles est si abondante en Richesses, que sans son Amphitheatre, elle fournit vne matiere tres ample pour faire son Eloge ; d'où vient que les Ecriuains ayant dit beaucoup de choses à l'auantage d'Arles, ont fort peu parlé de son Amphitheatre, Mais j'espere que le Tableau que i'en donne au public, le fera connoistre à l'auenir; & si ce n'est point trop presumer de moy-mesme, apres auoir découuert ses beautez à tout le monde, ie luy procureray, l'Estime, & la Veneration de tous ceux qui ont quelque amour pour les beaux Ouurages de l'Antiquité.

Voila Ce que i'ay trouué de plus Memorable dans les liures, touchant les Arenes d'Arles, & Ce que i'ay crû estre obligé de presenter à cette Ville en particulier, & à tout le Royaume en géneral, parce-que ie sçay que (comme dit vn Auteur Italien) *Trà le Nationi del Mondo, in particolare, la Francese è stata sempre desiderosa, non meno di sapere, che di vedere le parti più notabili di quello.*

*Pietro Paolo Giuliani*

Il ne manquera pas de personnes Recommandables par la beauté de leur esprit, qui trauailleront à tirer de l'oubly tant d'autres choses Considerables par leur Antiquité & qui ont rendu cette Ville celebre par toute la Terre.

## DIMENTIONS SVIVANT LE CANAGE

*qui en a esté faict par Nicolas Gondran, Maistre Arpanteur & Topographe Juré de cette Ville d'Arles, auec les Reductions des Canes, Pans, & Parties de Pans, Toises, Pieds, Pouces, Lignes & Parties de Lignes, par le mesme.*

LE Frontispice de l'Amphitheatre d'Arles auoit au moins 17. Toises.

La Circonferance auoit en haut (sans y comprendre la saillie de l'Architecture) 194. Toises. 3. Pieds, 10. Pouces, &

*l'Amphitheatre d'Arles*

3. quarts de ligne.

Le Diametre du Midy au Septentrion. 71. T. 3. Pieds & 10. Pouces.

Celuy du Leuant au Couchant, 52. T. 5. Pieds, & 7. Pou.

Le Diametre de la Place du milieu, du midy au Septentrion auoit 38. Toises 2 Pieds 5. Pouces & 3. quarts de ligne.

Celuy du Leuant au Couchant 19. Toises & 2. Pieds.

L'épesseur du Bâtiment 17, Toises.

Le Front de toutes les Places ensemble en quarante trois rangées faisoient 6081. Toises 5. Pieds 4. Pouces 4. Lignes & 7. Huictiémes.

## DIMENSIONS DE TOVS LES SIEGES
*de l'Amphitheatre, exprimées par Toises Pieds, Pouces, Lignes, & Parties de Ligne.*

| Toises | Pieds | Pouces | Lignes | Parties de Lignes. | |
|---|---|---|---|---|---|
| 190 | 2 | 11 | 1 | 3 | quatriémes de ligne. |
| 188 | 0 | 11 | 1 | 1 | quat. |
| 185 | 4 | 11 | 0 | 2 | qua. |
| 183 | 2 | 11 | 0 | 1 | quat. |
| 181 | 0 | 11 | 0 | 1 | deuxiéme. |
| 178 | 4 | 10 | 2 | 1 | huictiéme. |
| 176 | 2 | 10 | 1 | 5 | huictiémes. |
| 174 | 0 | 10 | 1 | 1 | huictiéme. |
| 171 | 4 | 10 | 0 | 5 | huictiémes. |
| 169 | 2 | 10 | 0 | 1 | huictiéme. |
| 167 | 0 | 9 | 2 | 5 | huictiémes. |
| 164 | 4 | 9 | 2 | 0 | |
| 162 | 2 | 9 | 1 | 1 | deuxiéme. |
| 160 | 0 | 9 | 1 | 0 | |
| 157 | 4 | 9 | 0 | 1 | deuxiéme. |
| 155 | 2 | 9 | 0 | 0 | |
| 153 | 0 | 9 | 2 | 1 | quatriéme. |
| 150 | 4 | 8 | 4 | 1 | quatriéme |
| 148 | 2 | 8 | 1 | 1 | quatriéme |
| 146 | 0 | 8 | 2 | 1 | quatriéme |
| 143 | 4 | 8 | 4 | 1 | quatriéme |
| 141 | 2 | 7 | 2 | 5 | huictiémes |
| 139 | 0 | 7 | 2 | 5 | huictiémes |

| Toises | pieds | pouces | Lignes | Parties de Ligne. |
|---|---|---|---|---|
| 136 | 4 | 7 | 1 | 5 huictiéme |
| 134 | 2 | 7 | 1 | 5 huictiéme |
| 132 | 0 | 7 | 0 | 5 huictiéme |
| 129 | 4 | 7 | 0 | 1 huictiéme |
| 127 | 2 | 6 | 2 | 5 huictiéme |
| 125 | 0 | 6 | 2 | 1 huictiéme |
| 122 | 4 | 6 | 1 | 5 huictiéme |
| 120 | 2 | 6 | 1 | 1 huictiéme |
| 118 | 0 | 6 | 0 | 5 huictiéme |
| 115 | 4 | 6 | 0 | 1 huictiéme |
| 113 | 2 | 5 | 2 | 1 quatriéme |
| 111 | 0 | 5 | 2 | 0 |
| 108 | 4 | 5 | 1 | 5 huictiéme |
| 106 | 2 | 5 | 1 | 0 |
| 104 | 0 | 5 | 0 | 1 quatriéme |
| 101 | 4 | 4 | 2 | 3 quatriéme |
| 99 | 2 | 4 | 2 | 1 quatriéme |
| 97 | 0 | 4 | 1 | 3 quatriéme |
| 94 | 4 | 4 | 1 | 1 quatriéme |
| 92 | 2 | 4 | 0 | 3 quatriéme |

6081. 5. 4. 4. 7 huictiémes, les 2 pages

## TABLE DES CHAPITRES CONTENVS
### en ce Liure.

Chap. 1. Des Amphitheatres, ou Arenes en general.
Chap. 2. Des Arenes d'Arles en particulier.
Chap. 3. De l'Antiquité des Arenes d'Arles.
Chap. 4. De la Forme, de la Situation, & du Frontispice des Arenes
Chap. 5. De la Partie interieure de l'Amphitheatre qui regardoit la Place du (milieu.
Chap. 6. Du bas Etage de l'Amphitheatre.
Chap. 7 Du Second Etage
Chap. 8 Du Troisiéme Etage.
Chap. 9. Des Entrées de l'Amphitheatre.
Chap. 10 Des Logemens.
Chap. 11. Des Passages, & des Degrez
Chap. 12. De la Structure des Arenes d'Arles.
Chap. 13. Des Eaux que l'on faisoit entrer quelque fois dans les Arenes
Chap. 14. De la Tente dont on Couuroit l'Amph. quand il faisoit bien chaud.
Chap. 15. De la Capacité des Arenes d'Arles.
Chap. 16. De l'Etat present des Arenes d'Arles.
Chap. 17. Parallele des Arenes d'Arles, auec Celles de Nismes.

FIN.

*Lamoustiere Dades Comme L Est*

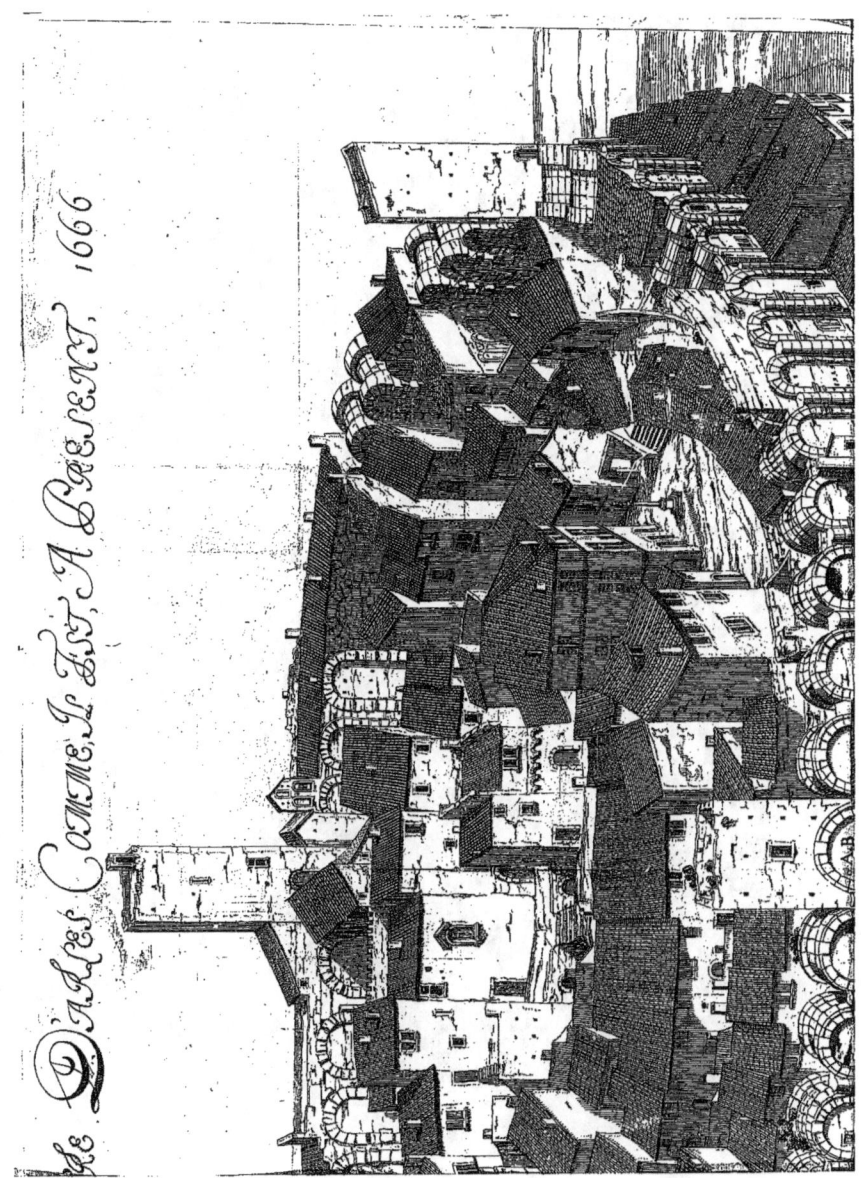

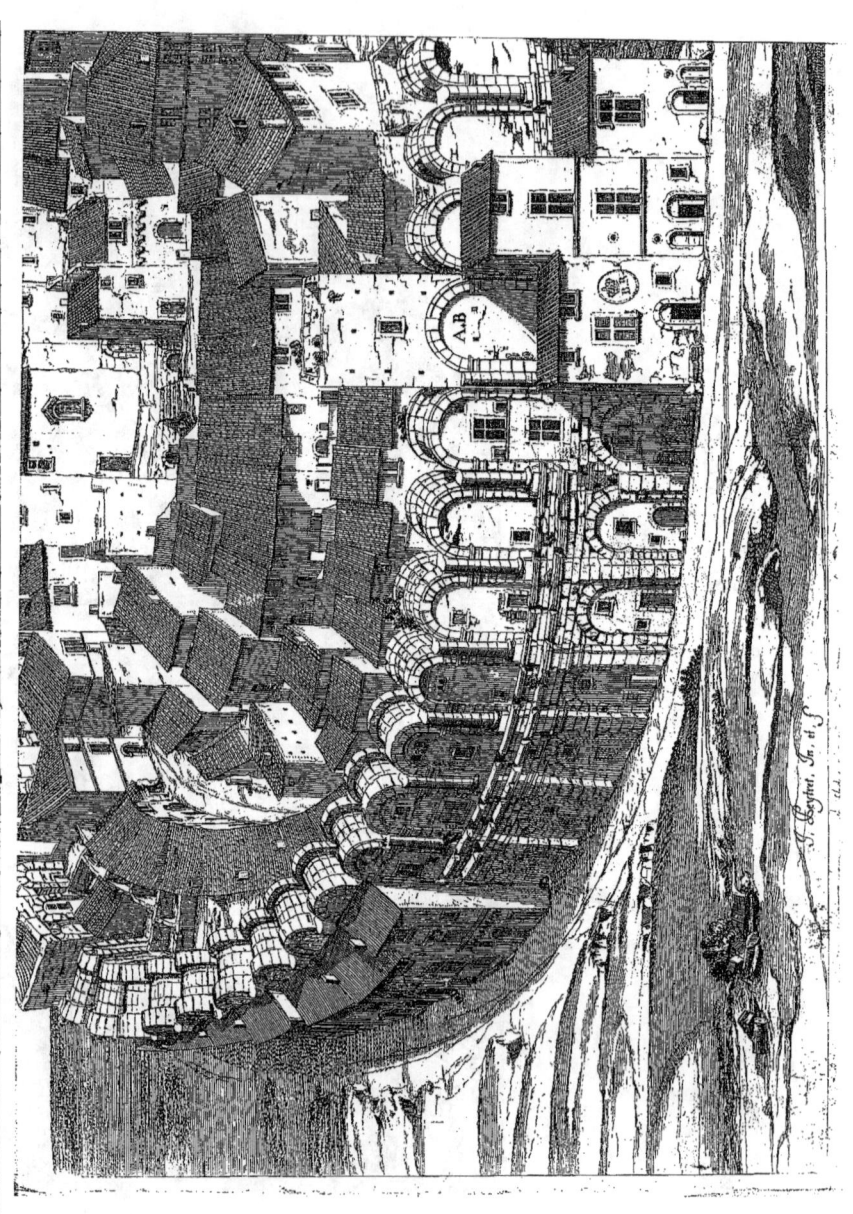

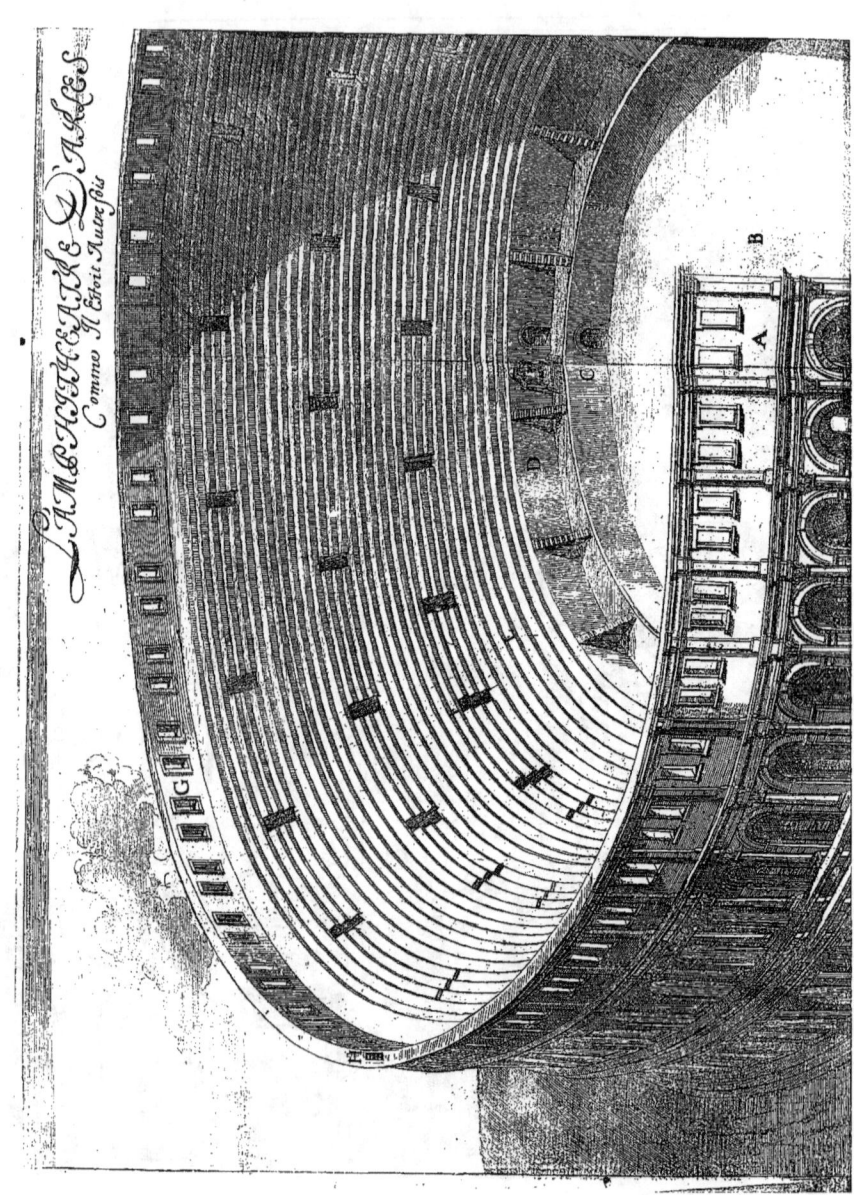

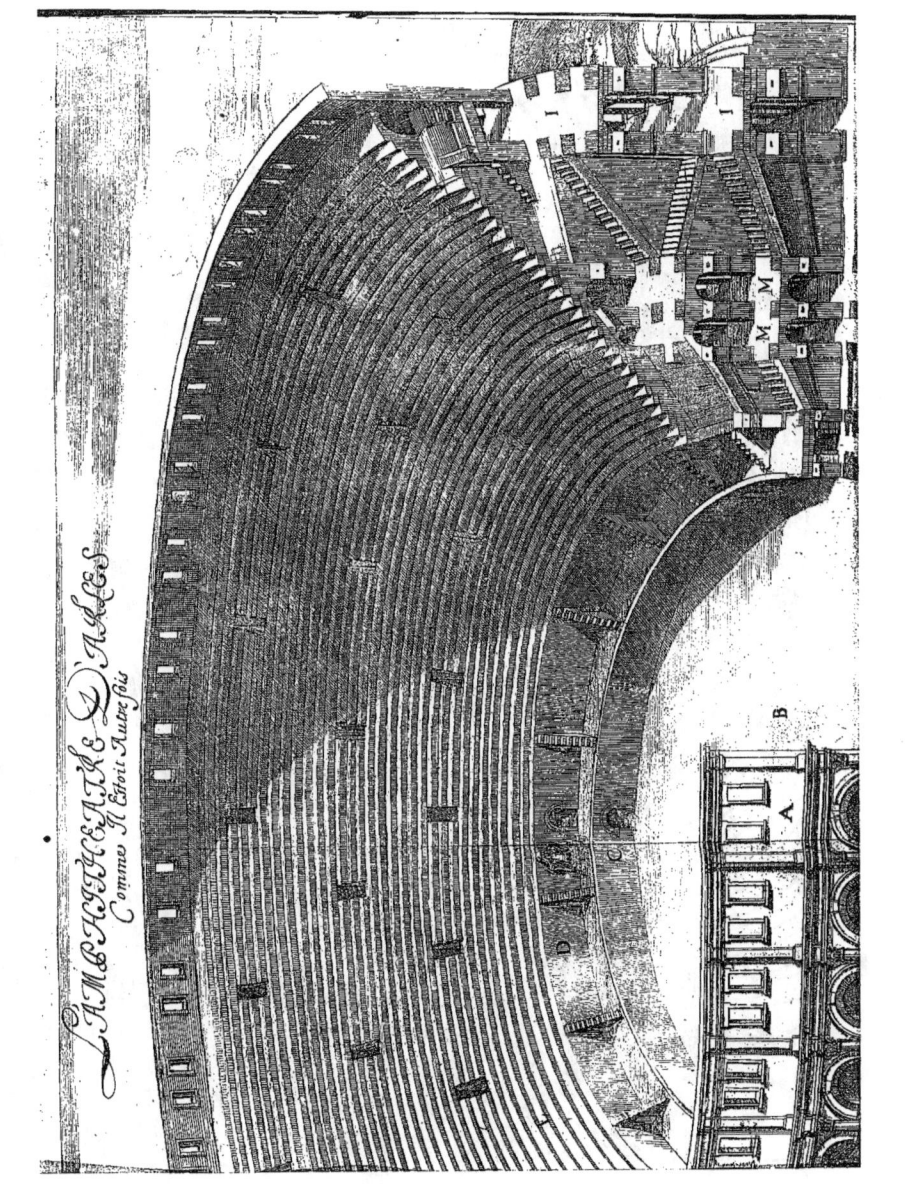

## Pour l'intelligence des Figures.

A. le Frontispice, chapitre 4.
B. la Place, ou l'Arene, ch. 5.
C. le Siege de l'Empereur, ch. 5.
D. l'Orcheftre, Chap. 1. & 5.
E. les Sieges du Peuple, Ch. 5.
F. les Vomitoires, Ch. 5. & 11.
G. le grand Parapet Ch. 4.
H. le petit Degré, Ch. 11.
I. les Galeries, Ch. 4. 7 & 8.
L. les Chambres du fecond étage, Ch. 7. & 10.
M. les Prifons du deuxiefme étage, Ch. 7. & 10.
N. les Couroirs, Ch. 6.
O. les Chambres du Premier étage, Ch. 6.
P. vn des Degrez, Ch. 6.
Q. vne des prifons, Ch. 6.
R. vne des Caues pour les beftes, Ch. 6.
S. vn des Paffages du bas étage, Ch. 6.
T. vn des Cachots, Ch. 6. & 10.
V. la Ruë, Ch. 4.
X. la Porte des Machines, Ch. 4. 5. & 6.
Y. vne des 4. principales Entrées, Ch. 11.
Z. le Degré exterieur, Ch. 4.

AB. Le Chapitre 16. donne L'intelligence de la figure de L'état prefent des Arenes.

www.ingramcontent.com/pod-product-compliance
Lightning Source LLC
LaVergne TN
LVHW022125080426
835511LV00007B/1040